MEGAGENIAL

MEGAFAUNA

Criaturas de los cielos antiguos

Anastasia Suen

Traducción de Santiago Ochoa

Rourke

Puentes

CONEXIONES
de la ESCUELA a la CASA
de ROURKE

ANTES Y DURANTE LAS ACTIVIDADES DE LECTURA

Antes de leer: *Construir los conocimientos previos y el vocabulario*

Los conocimientos previos pueden ayudar a los estudiantes a procesar nueva información y a basarse en lo que ya saben. Antes de leer un libro, es importante aprovechar lo que los estudiantes ya saben sobre el tema. Esto los ayudará a desarrollar su vocabulario y a aumentar su comprensión lectora.

Preguntas y actividades para reforzar los conocimientos previos:

1. Mira la portada del libro y lee el título. ¿De qué crees que tratará este libro?
2. ¿Qué sabes ya sobre este tema?
3. Recorre el libro y hojea las páginas. Mira el índice, las fotografías, los pies de foto y las palabras en negrita. ¿Te han dado estas características del texto alguna información o algún adelanto sobre lo que vas a leer en este libro?

Vocabulario: *El vocabulario es clave para la comprensión lectora*

Utilice las siguientes instrucciones para iniciar una conversación sobre cada palabra.

- Lee las palabras del vocabulario.
- ¿Qué se te viene a la mente cuando ves cada palabra?
- ¿Qué crees que significa cada palabra?

Palabras del vocabulario:

- *asimétricas*
- *azdárquidos*
- *carnívoras*
- *extinto*
- *fósil*
- *herbívoras*
- *megafauna*
- *membranosas*
- *omnívoras*
- *pterosaurios*

Durante la lectura: *Leer para entender y comprender*

Para lograr una comprensión profunda de un libro, se anima a los estudiantes a utilizar estrategias de lectura detallada. Durante la lectura, es importante que los estudiantes hagan una pausa y creen conexiones. Estas conexiones dan lugar a un análisis y una comprensión más profundos del libro.

Lectura detallada de un texto

Durante la lectura, pida a los estudiantes que hagan una pausa para hablar de los siguientes aspectos:

- Las partes confusas.
- Las palabras desconocidas.
- Las conexiones dentro del texto, entre el texto y uno mismo y entre el texto y el mundo.
- La idea principal de cada capítulo o título.

Anime a los estudiantes a utilizar pistas contextuales para determinar el significado de las palabras desconocidas. Estas estrategias ayudarán a los estudiantes a aprender a analizar el texto con más detenimiento mientras leen.

Cuando termine de leer este libro, vaya a la penúltima página, donde encontrará las **Preguntas después de la lectura** y una **Actividad**.

Índice

Los cielos antiguos

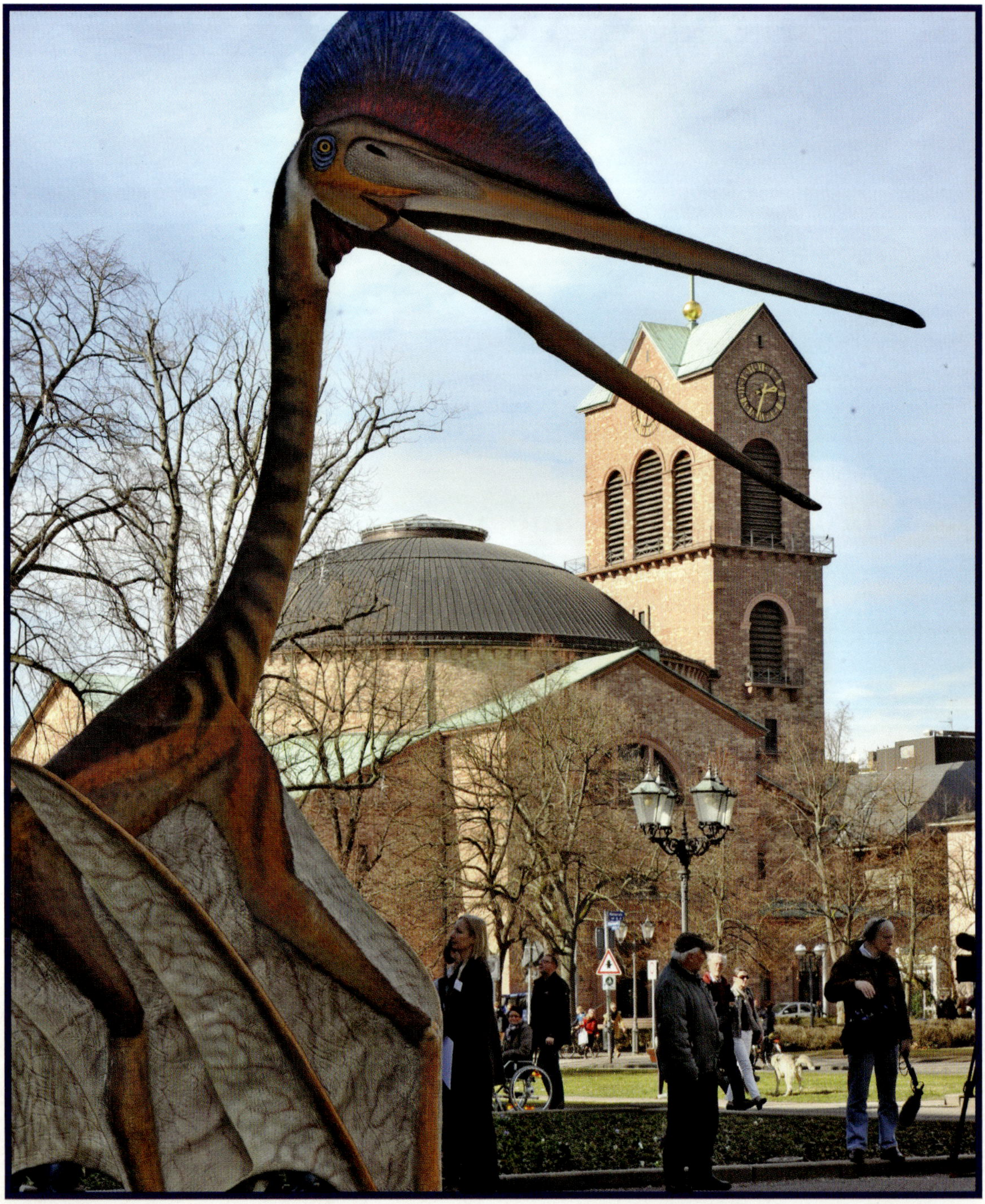

Un modelo de tamaño natural de un Hatzegopteryx*, un dinosaurio volador gigante, es exhibido frente al Museo Estatal de Historia Natural en Karlsruhev, Alemania.*

Hay sólo tres tipos de seres vivos modernos que pueden volar: los insectos, los murciélagos y las aves. En los cielos antiguos, sin embargo, había otros: ¡los **pterosaurios**! Esta palabra significa «lagartos con alas». Estos gigantes volaron por el aire mucho antes de que existieran los humanos. ¿Cómo obtenemos conocimientos sobre la **megafauna** antigua? Por lo general, cuando las personas encuentran un **fósil**.

Drácula

En 2009, unos científicos descubrieron pedazos de huesos pequeños y bien preservados en Transilvania, Rumania. Determinaron que pertenecían a un pterosaurio con una envergadura de 39 pies (12 metros). Lo llamaron Hatzegopteryx, *pero también lo apodaron «Drácula», en honor al famoso vampiro de Transilvania.*

Los cielos antiguos alguna vez estuvieron llenos de animales mucho más grandes que los que vemos hoy.

En los cielos antiguos, las criaturas volaban sobre la tierra y el mar. ¿Qué veían cuando miraban hacia abajo hace tanto tiempo? Los científicos dicen que entre 273 y 299 millones de años atrás, sólo existía un continente, al que llamaron Pangea. Este continente estaba rodeado por un océano, al que dieron el nombre de Pantalasa.

Con el tiempo, la tierra se movió y se formaron nuevos continentes. Los océanos alrededor de estos continentes recibieron nuevos nombres. Hoy en día, se conocen siete continentes y cinco océanos.

Pangea

De un océano a cinco

El océano Pacífico, el océano Atlántico, el océano Ártico y el océano Índico son los océanos con los nombres más antiguos. En 2000, el océano Austral (que rodea la Antártida) fue bautizado así por la Organización Hidrográfica Internacional.

El mundo actual

¿Cómo se convirtieron las criaturas de los cielos antiguos en megafauna? Los científicos dicen que los seres de la antigüedad no alcanzaron un tamaño enorme de inmediato. Antes de la era mesozoica, la mayoría de los seres vivos eran pequeños. Sin embargo, con el tiempo, hubo más y mejores alimentos disponibles. Las criaturas crecieron lentamente hasta que algunas alcanzaron un tamaño gigantesco.

Las criaturas antiguas comían cosas diferentes. Las que sólo comían plantas eran **herbívoras**. Las que comían otras criaturas eran **carnívoras**. Algunas criaturas antiguas comían de todo. Eran **omnívoras**.

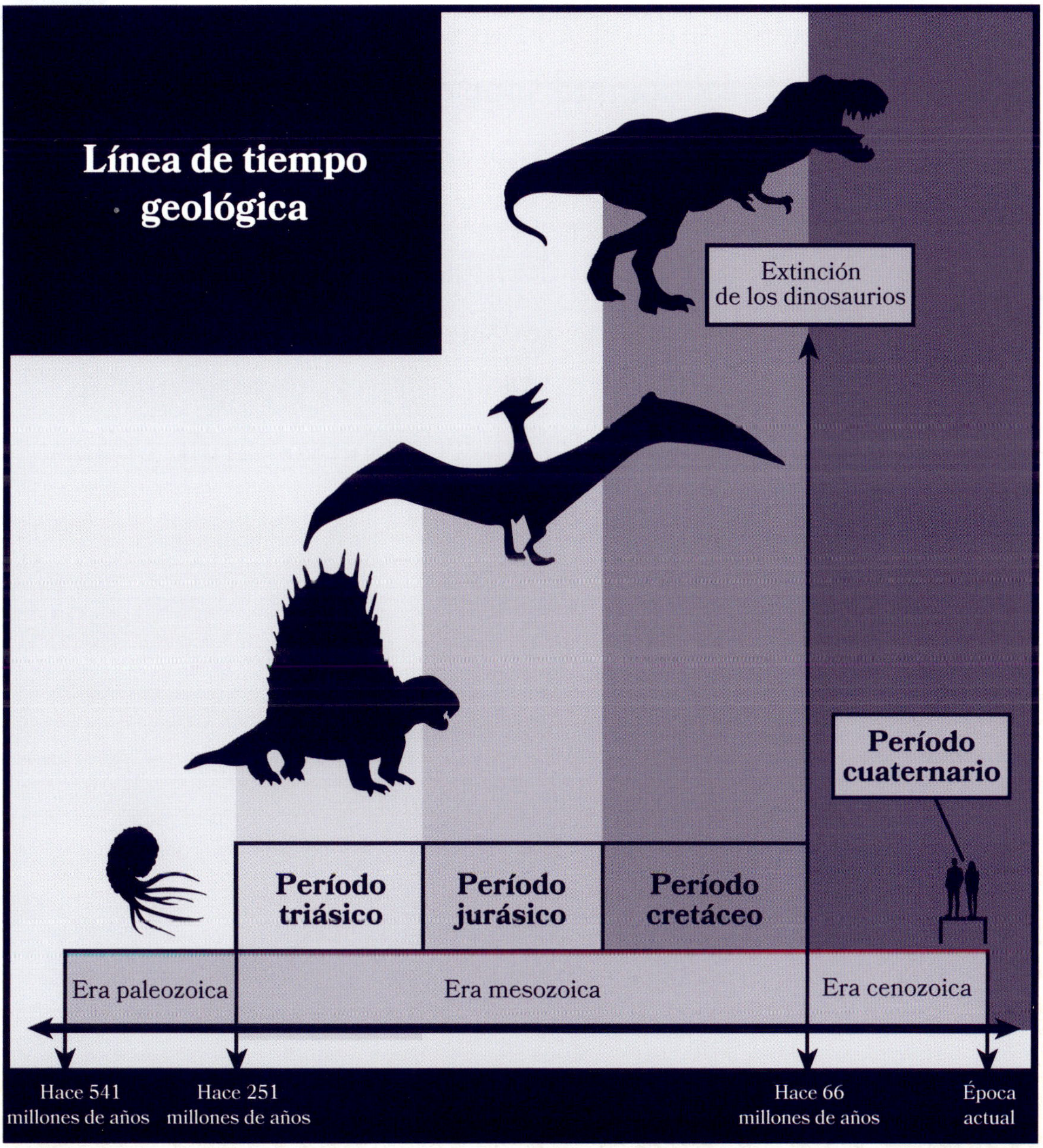

Tú vives en el período cuaternario de la era cenozoica. Las criaturas de los cielos antiguos vivieron en la era mesozoica.

Herbívoros de los cielos antiguos

En 2020, un estudiante de Paleontología en Inglaterra vio un fósil en la mesa de la cocina de su amiga. Era un fósil de la mandíbula de un animal. El hueso tenía muchos agujeros muy pequeños. El estudiante supo de inmediato que se trataba de un tipo de animal volador llamado tapejárido.

Los tapejáridos no tenían dientes y los científicos creen que comían frutas y nueces. Tenían una cresta magnífica en la cabeza. Esta podía ser dos veces más grande que su cráneo. La envergadura de las alas de un tapejárido podía tener 13 pies (cuatro metros) de ancho.

Los científicos creen que los tapejáridos tenían muy buena visión, lo que les ayudaba a encontrar alimentos.

Encontrados en todo el mundo

El fósil del tapejárido que encontró el estudiante fue descubierto originalmente por un cazador de fósiles mientras paseaba a su perro en la Isla de Wight. Estos fósiles también se han encontrado en Brasil, China y Marruecos.

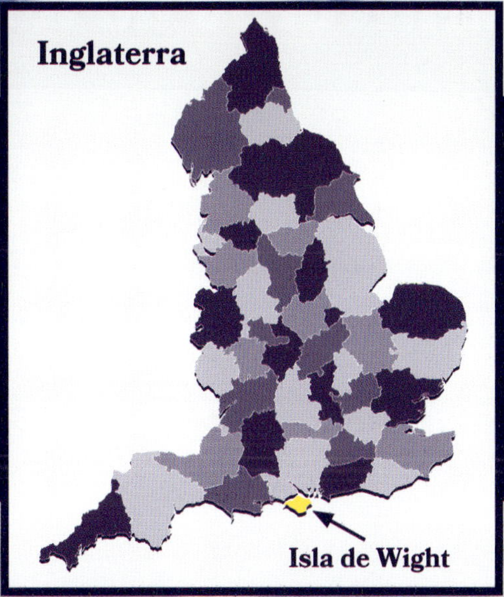

Este fósil de un tapejárido ha conservado las almohadillas de las patas, las escamas y las garras.

Carnívoros de los cielos antiguos

Los insectos fueron los primeros animales en volar. El insecto volador más grande de la antigüedad era el *Meganeura*, que significa «de nervios grandes». Descubierto en 1880, fue descrito y bautizado por Charles Brongniart en 1885. Este insecto tenía una envergadura de 28 pulgadas (71 centímetros). Se comía otros insectos después de atraparlos en el aire como haría un halcón. El *Meganeura* parecía una libélula moderna, pero es mucho más antiguo.

Los científicos dicen que este insecto **extinto** es un meganisóptero. Vivió entre 247 y 318 millones de años atrás.

No todos los pterosaurios tenían el mismo tamaño. Algunos eran tan pequeños como gorriones. ¡Otros eran tan grandes como aviones! Los pterosaurios gigantes con cuellos largos y picos como los de las cigüeñas se llamaban **azdárquidos**.

Uno de los azdárquidos más grandes, el *Quetzalcoatlus*, fue encontrado en Texas en la década de 1970. Su envergadura era de 36 pies (11 metros). ¡Es el mismo tamaño que la envergadura de una avioneta Cessna 197 Skyhawk, que puede transportar a cuatro personas! El *Quetzalcoatlus* era tan grande que podía agarrar a pequeños dinosaurios para comérselos antes de volar de nuevo.

¡Mira de nuevo!

En 2012, el Museo de Historia de Londres resolvió un misterio. Examinaron de nuevo un pequeño pedazo de colmillo fosilizado que estaba en el museo desde 1884. Vieron que era del Coloborhynchus capito, *un pterosaurio poco común que tenía una envergadura de 23 pies (siete metros). ¡Sorpresa!*

El Quetzalcoatlus, *un pterosaurio del tamaño de una avioneta, recibió su nombre de* Quetzalcóatl, *el dios azteca en forma de serpiente emplumada.*

Una segunda mirada a unos huesos antiguos condujo al descubrimiento de un nuevo pterosaurio en Alberta, Canadá. Durante varios años se pensó que este fósil era un *Quetzalcoatlus*. Pero cuando los científicos observaron con mayor detenimiento, vieron que se trataba de una criatura diferente. Llamaron a este pterosaurio gigante *Cryodrakon boreas*, que significa «dragón frío de los vientos del norte». Este cazador de cuello largo tenía una envergadura de 32 pies (10 metros). Se alimentaba de pequeños dinosaurios, lagartos y mamíferos.

Más grande que el rey

El Arambourgiania philadelphiae *tenía un cuello de 10 pies (tres metros) de largo. Esta longitud era casi el doble que la de otros azdárquidos. ¡Su envergadura era más larga que la de un tiranosaurio rex, el famoso «rey lagarto tirano»!*

Algunas criaturas antiguas eran similares a las que podemos ver hoy en los cielos. El *Anchiornis* tenía plumas, incluyendo unas suaves que rodeaban su cuerpo, lo que le valió el nombre de «casi ave». Estas criaturas comían peces y lagartos. Tenían una envergadura de 22 pulgadas (55 centímetros), aproximadamente el mismo tamaño que un cernícalo americano moderno.

Sin embargo, a diferencia de un ave, ¡este dinosaurio tenía cuatro alas! Al final de cada ala tenía una garra. Este dinosaurio no volaba, pues no movía sus alas para despegar del suelo. Más bien, planeaba. Cuando el *Anchiornis* desplegaba las alas, podía planear con el viento utilizando su larga cola para orientarse.

cernícalo americano moderno

Ya no es el eslabón perdido

El ave o el pariente de ave más famoso es el Archaeopteryx. *Descubierto en 1861, alguna vez se consideró «el eslabón perdido» entre los dinosaurios y las aves. A medida que se encontraron más fósiles, los científicos descubrieron más conexiones entre los dinosaurios y las aves.*

Dos nombres

Hubo un tiempo en que el Microraptor gui *tuvo dos nombres. También se le llamó* Cryptovolans, *que significa «ala oculta». Después de encontrar cientos de estos fósiles, los científicos decidieron que se trataba de una sola criatura. Ahora sólo tiene un nombre.*

El *Microraptor gui* era otro animal volador antiguo con cuatro alas. Se alimentaba de mamíferos, peces, lagartos y aves. Para algunos científicos, pertenece al mismo grupo que las aves modernas.

Las plumas del *Microraptor gui* lo hicieron famoso. Es el primer dinosaurio con plumas **asimétricas** en sus patas traseras que se haya encontrado. Las plumas asimétricas ayudan a los animales voladores a moverse en el aire. Este dinosaurio utilizaba su envergadura de 3.3 pies (un metro) para planear. Las aves también tienen plumas asimétricas. Este es otro ejemplo de cómo los científicos están aprendiendo las conexiones que hay entre las aves modernas y los animales antiguos.

El antiguo *Argentavis* es el ave voladora más grande jamás descubierta. Con una envergadura de 23 pies (siete metros), era del tamaño de un avión pequeño. Fue encontrado en Argentina y es miembro de un grupo extinto de aves depredadoras llamadas teratórnidos o «aves monstruosas». Algunos científicos creen que esta enorme ave planeaba con el viento mientras cazaba armadillos y osos perezosos gigantes. Otros dicen que era semejante a los buitres modernos y que comía animales muertos.

El **Argentavis** *quizá descendía en picado desde el cielo para atacar a otros ejemplares de la megafauna.*

Mil dientes

Algunos pterosaurios no tenían dientes. Otros tenían algunos dientes afilados. ¡El Pterodaustro *tenía mil dientes en su pico! Los dientes inferiores eran extremadamente largos y afilados como agujas. Los dientes superiores eran cortos y gruesos.*

Omnívoros de los cielos antiguos

En 2015, unos científicos encontraron en China los fósiles de un pequeño dinosaurio con alas **membranosas** . Los únicos otros animales con este tipo de alas son los murciélagos y los pterosaurios. Pero este dinosaurio también tenía alas peludas y plumas largas. Nunca antes se había encontrado nada parecido. Los científicos lo llamaron *Yi qi*, que significa «ala extraña». Con una envergadura de 24 pulgadas (60 centímetros), podía planear por el bosque en busca de comida. Puede haber comido todo lo que encontrara, como insectos y hojas.

El *Jeholornis* era un ave antigua con dos alas y dos colas. Su cola más pequeña es semejante a la de un ave moderna. Su cola más larga se parece a la del dromeosáurido *Microraptor* de cuatro alas. También tenía la misma envergadura (3.3 pies o un metro) que el *Microraptor*. Ambos comían peces, pero los científicos también encontraron semillas en los estómagos fosilizados de los *Jeholornis*. Esto significa que probablemente eran omnívoros.

De grande a pequeño

Los científicos aún no lo saben todo sobre los antiguos animales voladores. Todo el tiempo se encuentran fósiles y nueva información. A veces aprendemos nuevas cosas sobre fósiles que ya han sido descubiertos. Los fósiles antiguos pueden recibir nuevos nombres o pertenecer a un animal diferente. ¡Quién sabe qué encontrarán los científicos a continuación! ¡Tal vez seas tú quien haga el próximo gran descubrimiento!

Este fósil del Museo de Historia Natural de Shanghái en China puede tener más cosas que enseñarnos todavía.

Aprendiendo siempre

El animal antiguo más grande que se conoce hoy podría no ser el de mañana. Los científicos sacan sus mejores conclusiones sobre la envergadura de las alas de una criatura y otras características basándose en los fósiles que encuentran. A medida que se recopile más información, los nombres y las cifras podrían cambiar.

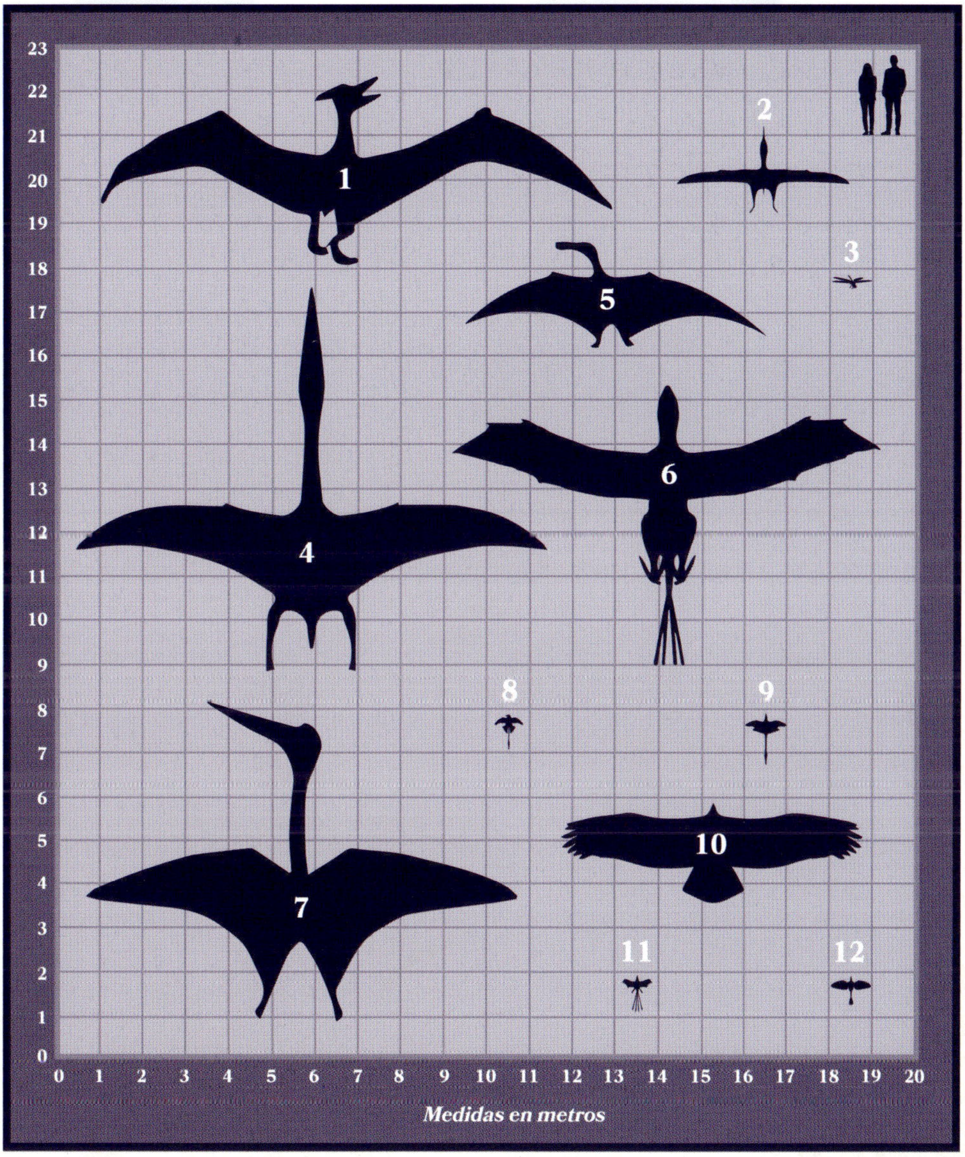

1. *Hatzegopteryx*: 39 pies (12 metros)
2. tapejárido: 13 pies (4 metros)
3. *Meganeura*: 28 pulgadas (71 centímetros)
4. *Quetzalcoatlus*: 36 pies (11 metros)
5. *Coloborhynchus capito*: 23 pies (7 metros)
6. *Cryodrakon boreas*: 32 pies (10 metros)
7. *Arambourgiania filadelfiae*: 32 pies (10 metros)
8. *Anchiornis*: 22 pulgadas (55 centímetros)
9. *Microraptor gui*: 3.3 pies (1 metro)
10. *Argentavis*: 23 pies (7 metros)
11. *Yi qi*: 24 pulgadas (60 centímetros)
12. *Jeholornis*: 3.3 pies (1 metro)

Glosario

asimétricas: Que tienen dos lados o mitades que no son iguales.

azdárquidos: Una familia de grandes pterosaurios que vivían en el período cretácico tardío.

carnívoras: Que se alimentan sólo de otros animales.

extinto: Que ya no existe.

fósil: Restos, señales o rastros de un ser vivo de una era geológica anterior; por ejemplo, un esqueleto o una huella.

herbívoras: Que sólo comen plantas.

megafauna: Animales gigantes.

membranosas: Que tienen una fina lámina de piel u otro tejido que cubre una parte del cuerpo.

omnívoras: Que comen plantas y otros animales.

pterosaurios: Reptiles voladores con alas membranosas de los períodos jurásico y cretácico.

Índice analítico

Preguntas relacionadas con el texto

1. ¿Con qué estaban cubiertas las alas de la megafauna voladora?
2. ¿Qué creen los científicos que comían los tapejáridos?
3. ¿Qué puede pasar cuando los científicos vuelvan a examinar los fósiles de sus colecciones?
4. ¿Por qué fue importante el descubrimiento de plumas asimétricas en un fósil?
5. Compara una criatura de los cielos antiguos con una de las criaturas voladoras de hoy. ¿En qué se parecen? ¿En qué se diferencian?

Actividad de extensión

Los humanos estudiaron criaturas que volaban para poder construir máquinas voladoras. Haz un cartel que compare una criatura del cielo antiguo con un planeador, un biplano o un avión.

Sobre la autora

Anastasia Suen es autora de más de 350 libros para niños, adolescentes y adultos. Vive en el piedemonte del norte de California, donde los halcones de cola roja y las grandes garzas azules cazan a sus presas.

www.rourkebooks.com

PHOTO CREDITS: cover: GettyImages / Warpaintcobra; page 3: Shutterstock; page 4: Uli Deck / dpa / picture-alliance / Newscom; page 5: GettyImages / dgero; page 6: GettyImages / ©CoreyFord; page 7: Shutterstock; page 8: GettyImages / Warpaintcobra; page 10: GettyImages / yanikap / DEA PICTURE LIBRARY Universal Images Group / Newscom; page 11: GettyImages / Wikipedia; page 12-13: MARK GARLICK / SCIENCE PHOTO LIBRARY / Science Photo Library / Newscom; page 14: Julian Stratenschulte / dpa / picture-alliance / Newscom; page 15: (inset) Shutterstock / Andrea Ferrari / NHPA /Photoshot / Newscom; page 17: Deviantart / Keenan Taylor; page 18: Matthew Studebaker / BIA / Minden Pictures / Newscom; page 19: Shutterstock / Dorling Kindersley Universal Images Group / Newscom; page 20-21: GettyImages / MR1805; page 22: Prehistoric Fauna; page 23: Shutterstock; page 24-25: Deviantart / © Rushelle Kucala; page 26-27: Deviantart / © Emily Willoughby; page 28: Shutterstock

Edición de: Tracie Santos
Diseño de los interiores y la portada de: Lynne Schwaner
Traducción al español: Santigo Ochoa
Edición en español: Base Tres

Library of Congress PCN Data

Criaturas de los cielos antiguos / Anastasia Suen
(Megafauna megagenial)
ISBN 978-1-73165-915-6 (hard cover)
ISBN 978-1-73165-914-9 (soft cover)
ISBN 978-1-73165-916-3 (e-Book)
ISBN 978-1-73165-917-0 (ePub)
Library of Congress Control Number: 2024947727
Rourke Educational Media
Printed in the United States of America
01-0342511937